马龙·六边形的六金王

《乒乓世界》编辑部 编著

人民体育出版社

乒坛典藏·绽放巴黎

引子

马龙的巴黎奥运会，比队友们开始得更早，也更晚。

开幕式上，马龙以中国代表团旗手身份耀眼登场。对于他而言，这个全新的身份，不仅仅是对他个人的肯定，更是对中国乒乓球队这个荣耀集体的认可。旗手这份至高的荣誉，马龙配得上——35 岁的他，是中国代表团参加巴黎奥运会的运动员中年龄最大的一位；已经拥有五枚奥运金牌的他，也是中国代表团历史上奥运夺金次数最多的运动员之一。

马龙的第四次奥运之旅，从他参加巴黎奥运的男团比赛开启。由于团体赛赛程靠后，马龙除了在前期保持好自己的状态外，还要做好队友的保障工作，时不时和樊振东、王楚钦交流打法，分析心理，自觉承担起国乒队队长和球队老大哥的责任。

其实，进入巴黎奥运周期的马龙，运动状态已经不在巅峰，他更没有想过自己还能站上巴黎的赛场，但看台上一张张印着"马龙巴黎见"的横幅都传递着球迷们对"六边形战士"的期待。而马龙也仍然是国乒队伍里的"定海神针"，有龙队在，队伍哪怕遇到再大的困难，每个人心里也是踏实的。

在巴黎，马龙只打了四场比赛，但在这四场比赛中，马龙展现出的强大斗志和对胜利的渴望却不输给任何人，甚至更加强烈。这位被誉为"乒坛常青树"的老将用他出色的表现，再一次证明了自己对乒乓球至高的热爱和对赛场无比的珍惜。

打完在巴黎的最后一个球，一锤定音，马龙解锁了一个高难度的庆祝动作，深深打动了在场的每一个人。这是他的第六枚奥运金牌，在中国运动员中前无古人。马龙说这枚金牌是他"结束奥运之旅的最佳方式"，他也说大家仍然会在赛场上见到他。那么，我们就在下个赛场见吧。

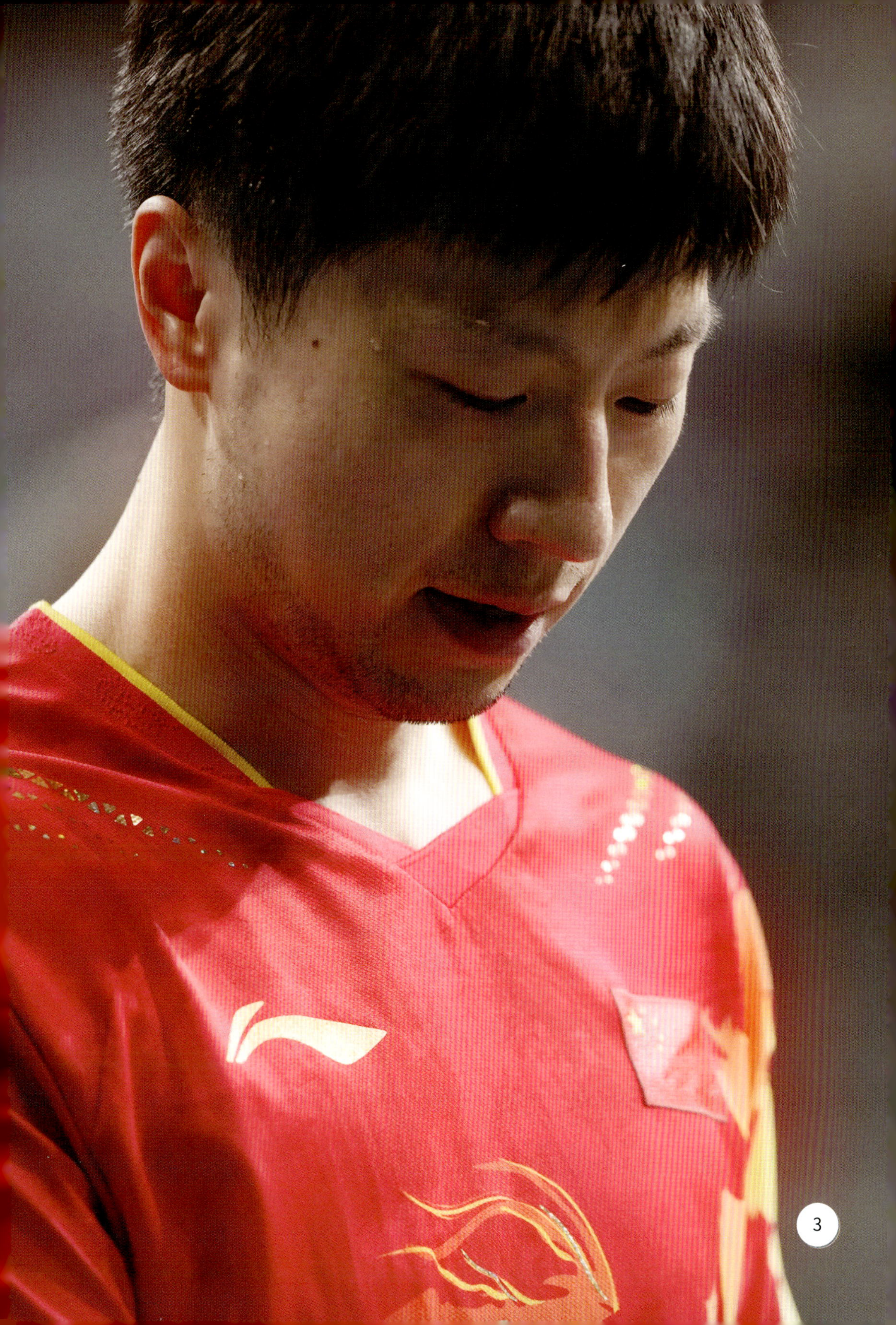

目录 CONTENTS

开幕式　　*OPENING CEREMONY*

PING PONG

男 团 *MEN'S TEAMS*

1/8 决赛 ／ 009

1/4 决赛 ／ 019

半决赛 ／ 027

决赛 ／ 037

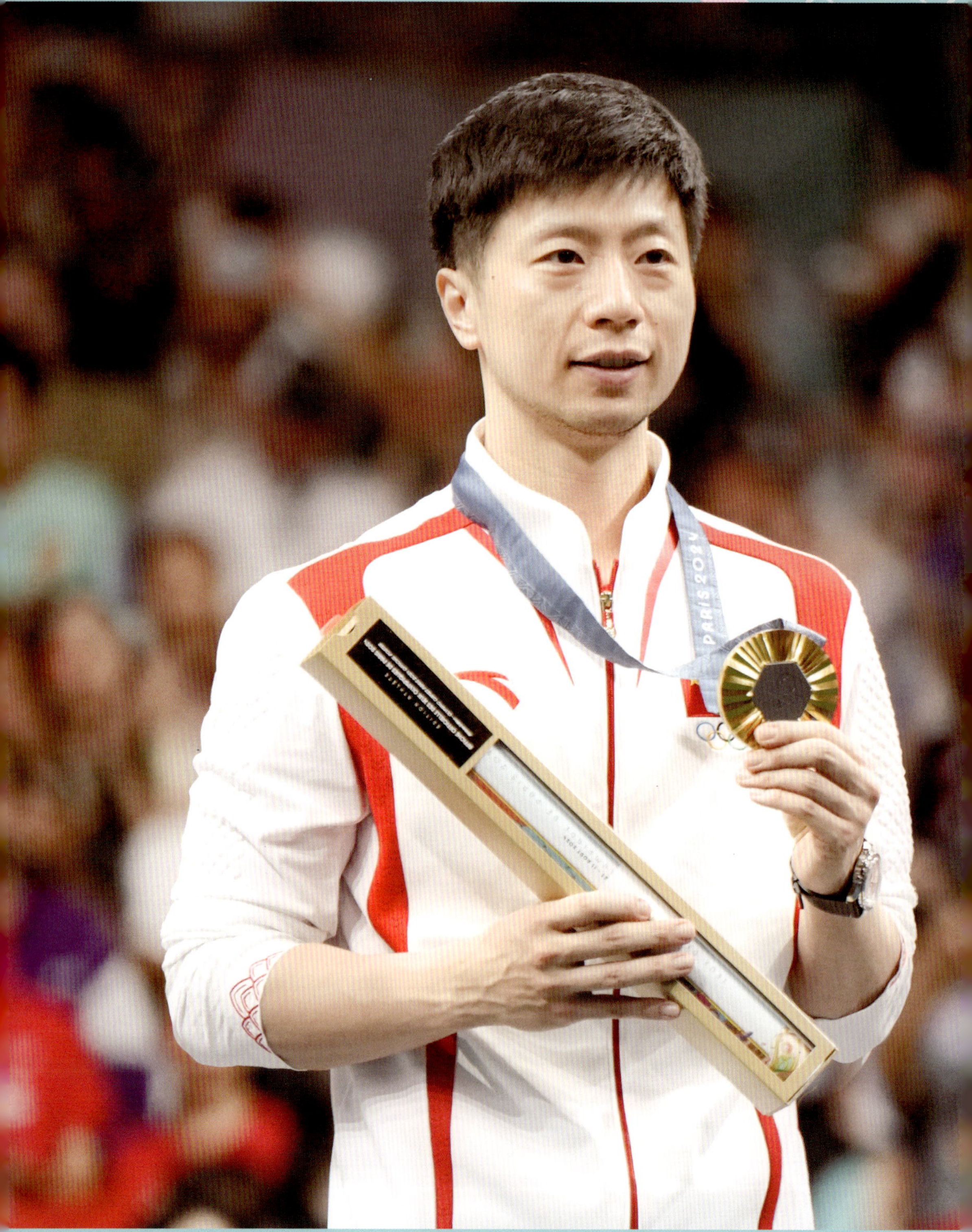

001

003

开幕式　　OPENING CEREMONY

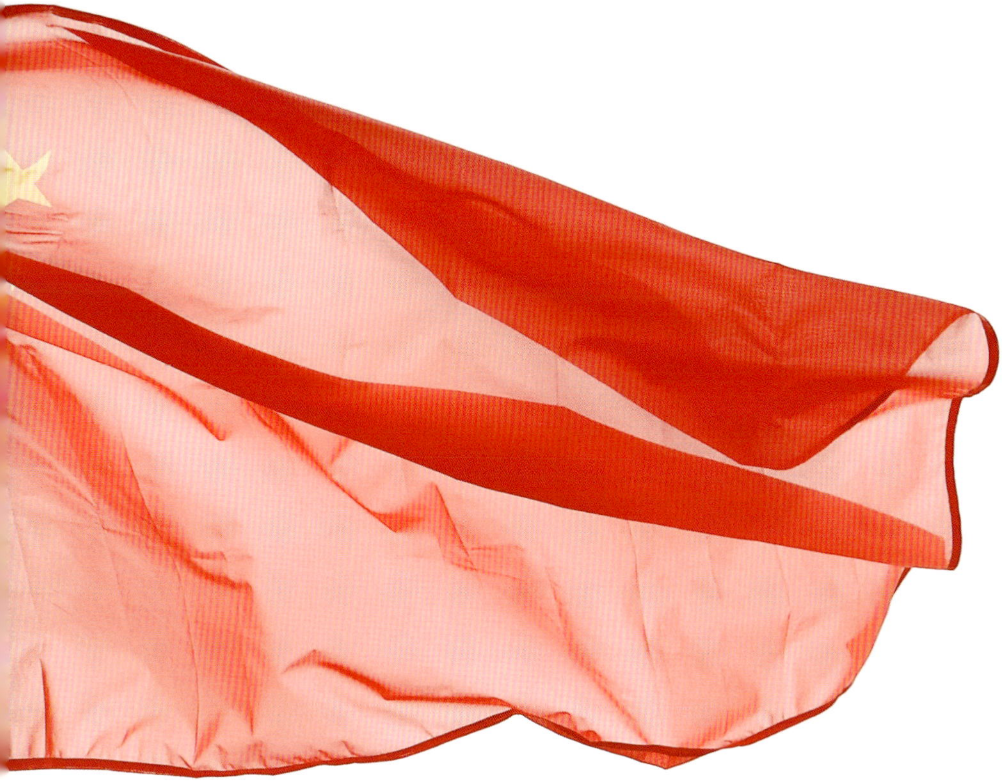

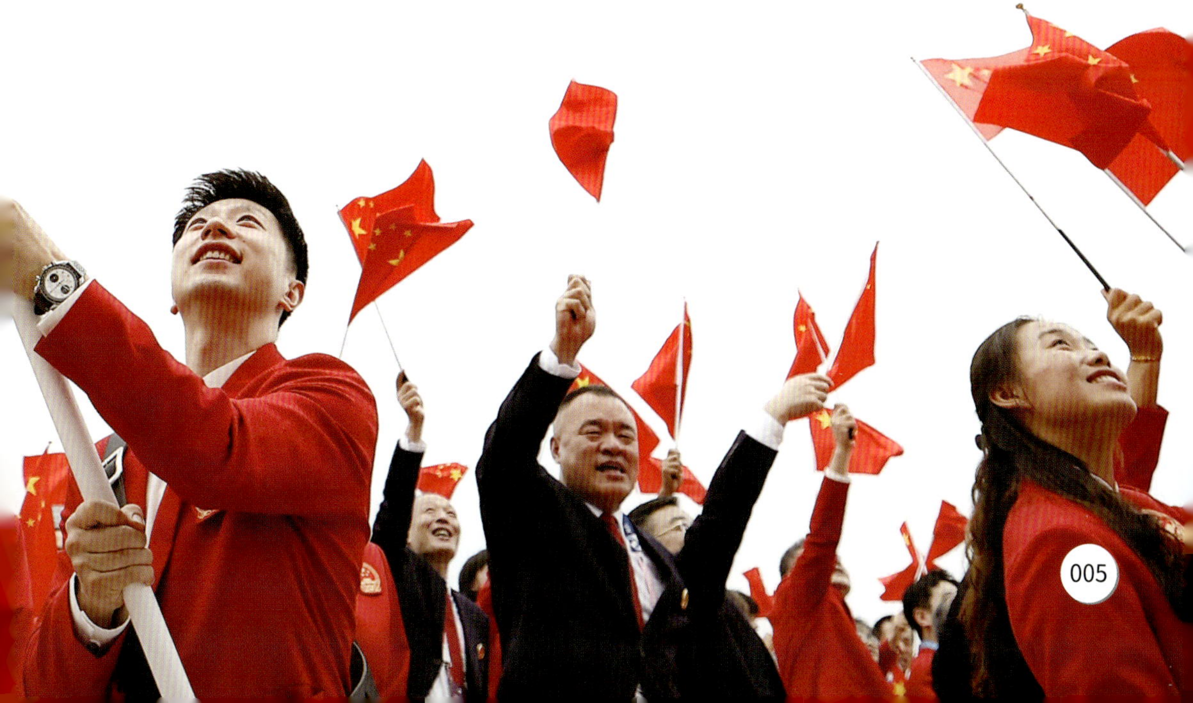

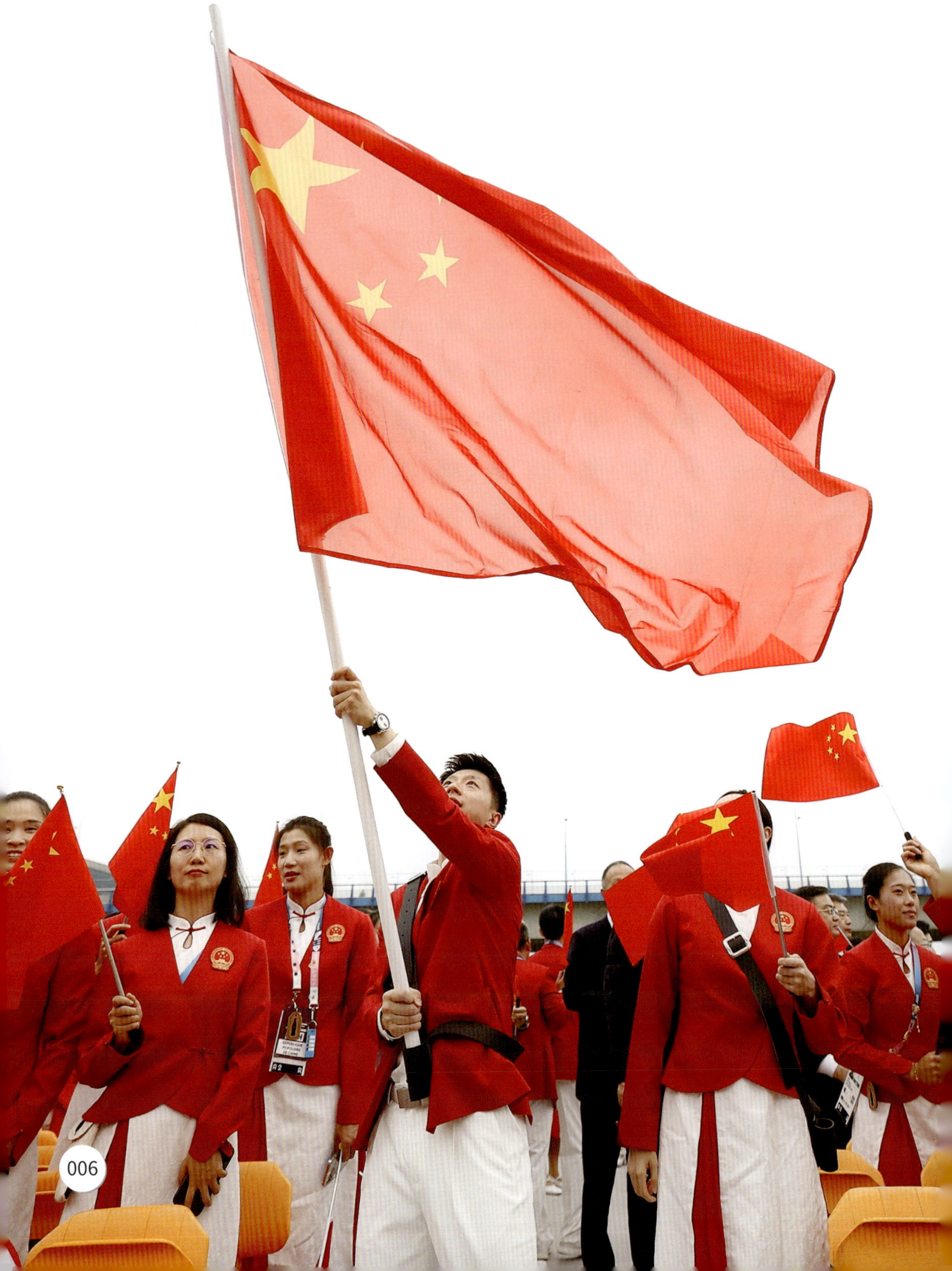

在开幕式上，马龙作为中国代表团的旗手之一，也是国乒第一位奥运旗手，耀眼地开启了自己的第四次奥运之旅。

男 团

MEN'S TEAMS

———————————

1/8 决赛

>>> 2024 / 8 / 6
首盘比赛，马龙/王楚钦兵不血刃地战胜印度组合，为球队取得开门红。

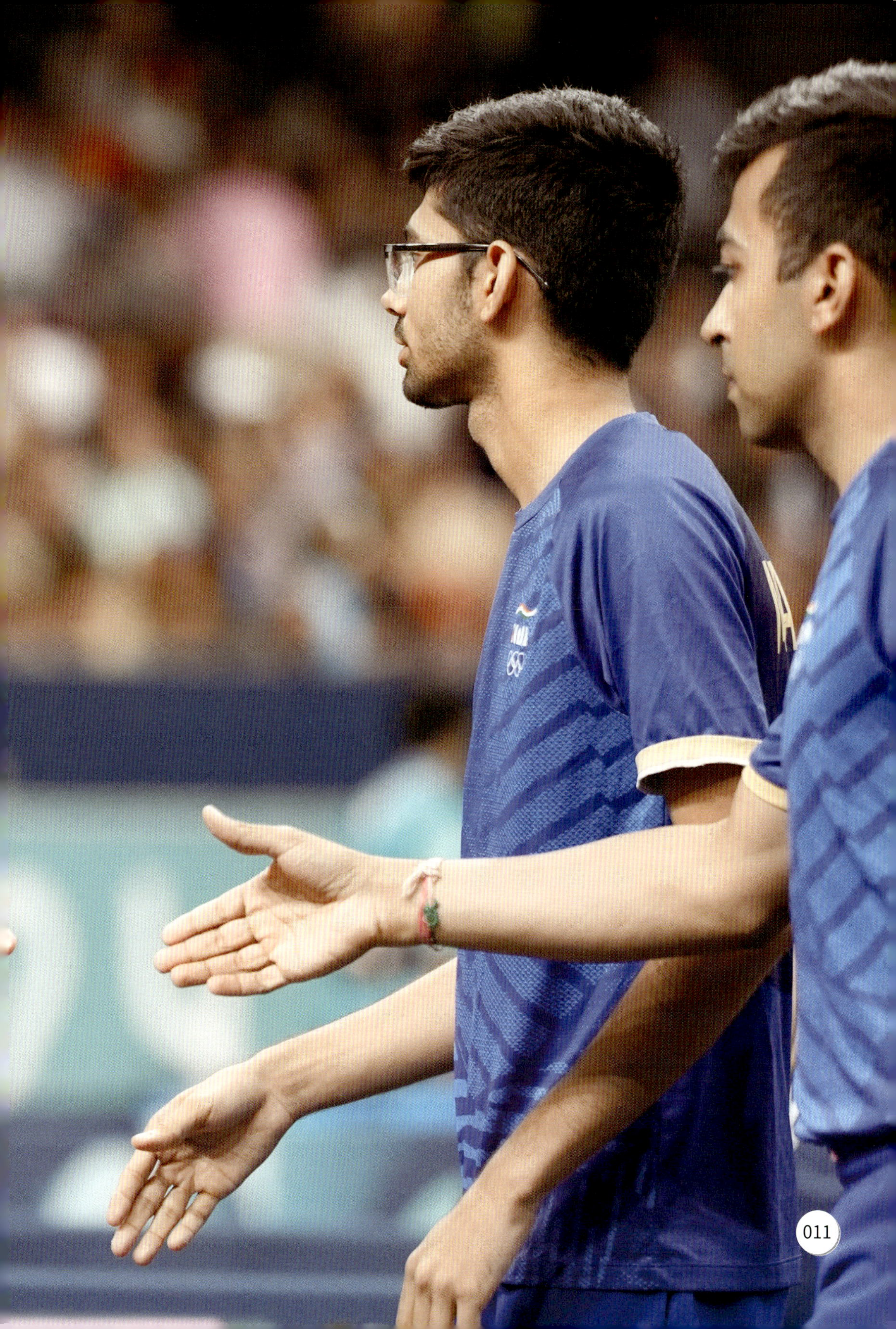

作为奥运四朝元老，马龙本次的奥运会首秀依然是全场焦点。

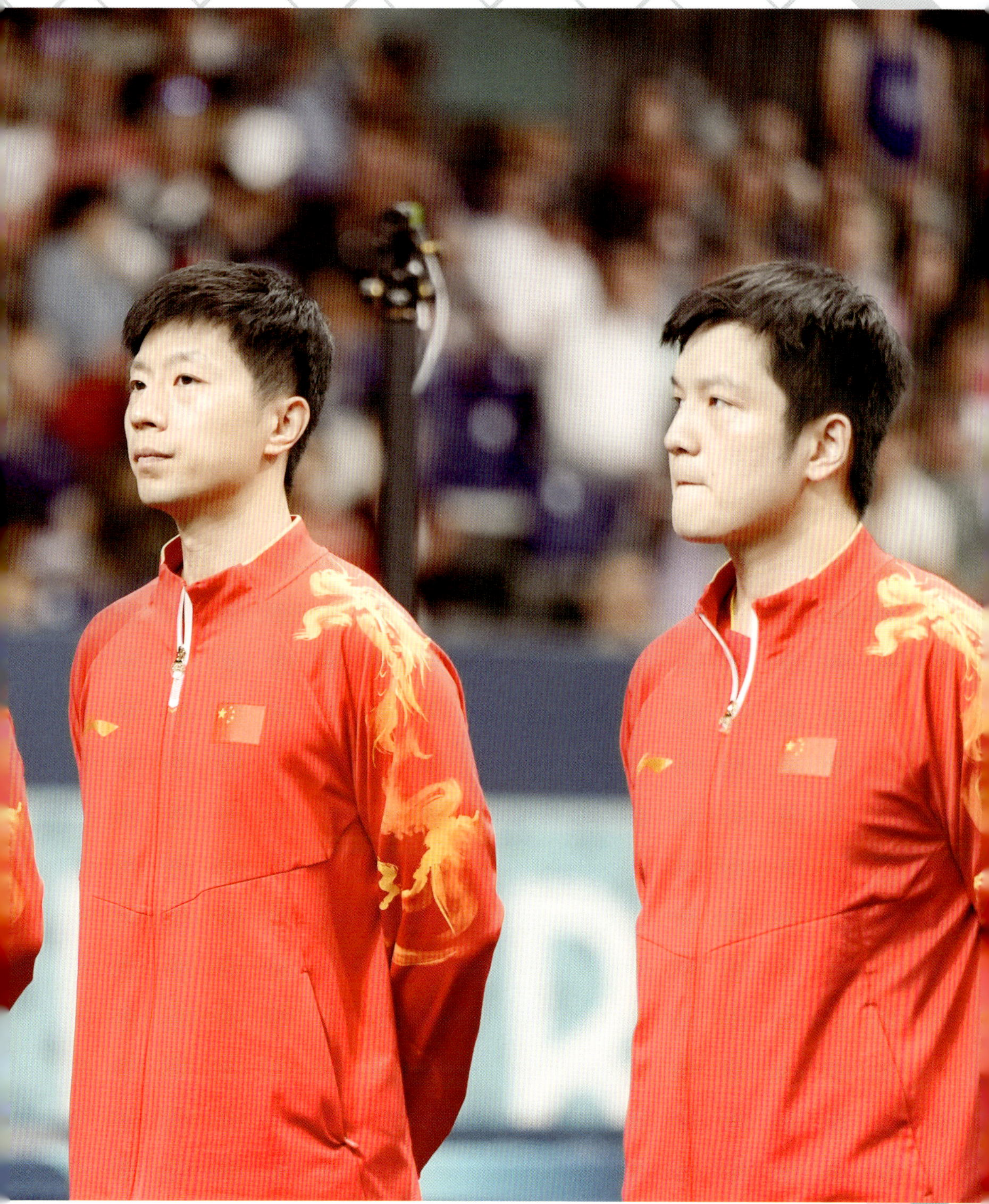

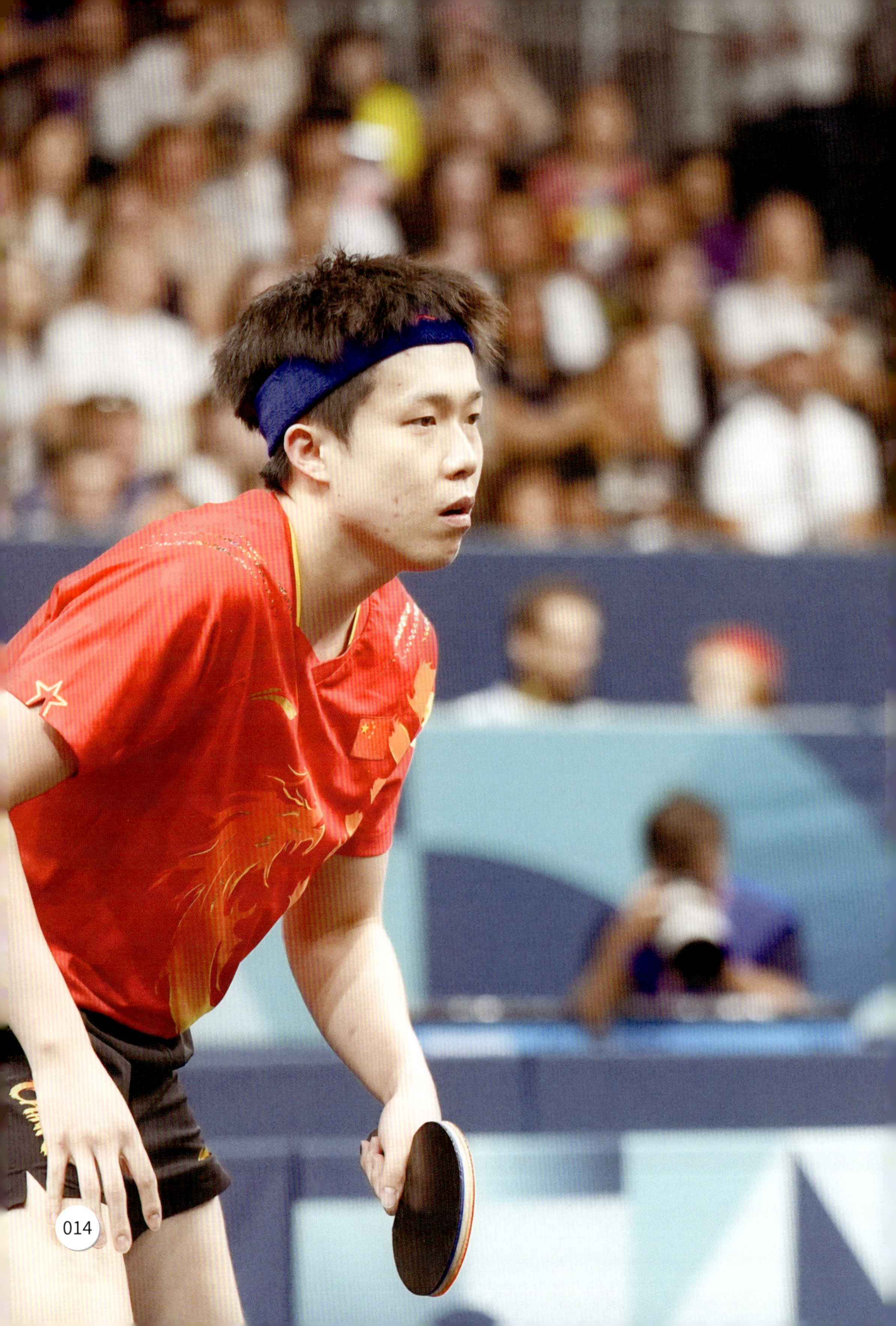

PARIS 2024

015

PARIS 2024

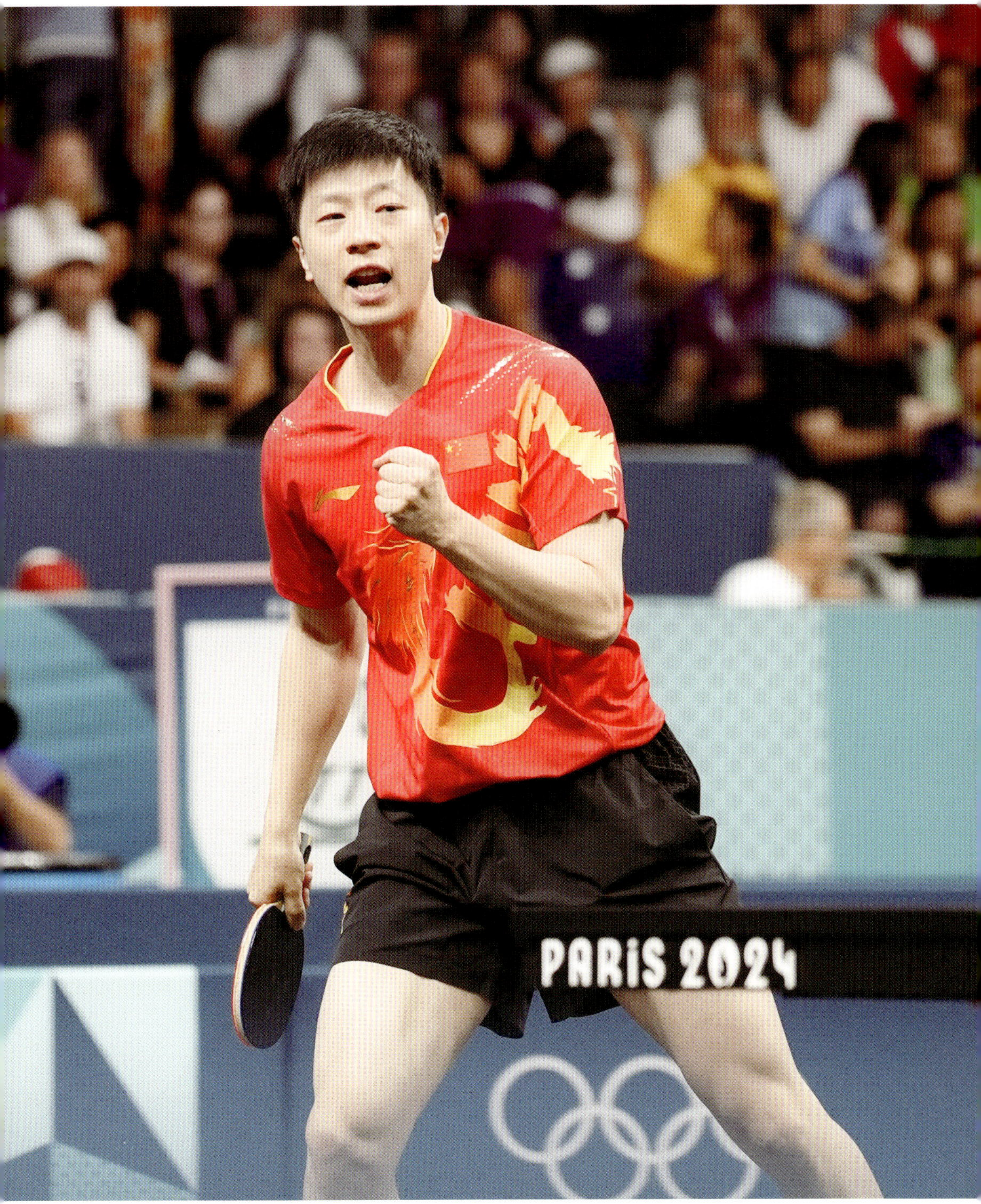
PARIS 2024

男 团

MEN'S TEAMS

1/4 决赛

>>> **2024 / 8 / 8**

马龙 / 王楚钦扛住了张禹珍 / 赵大成的反扑，刚与柔完美结合。

021

经过两场比赛的适应，马龙的表现渐入佳境。

023

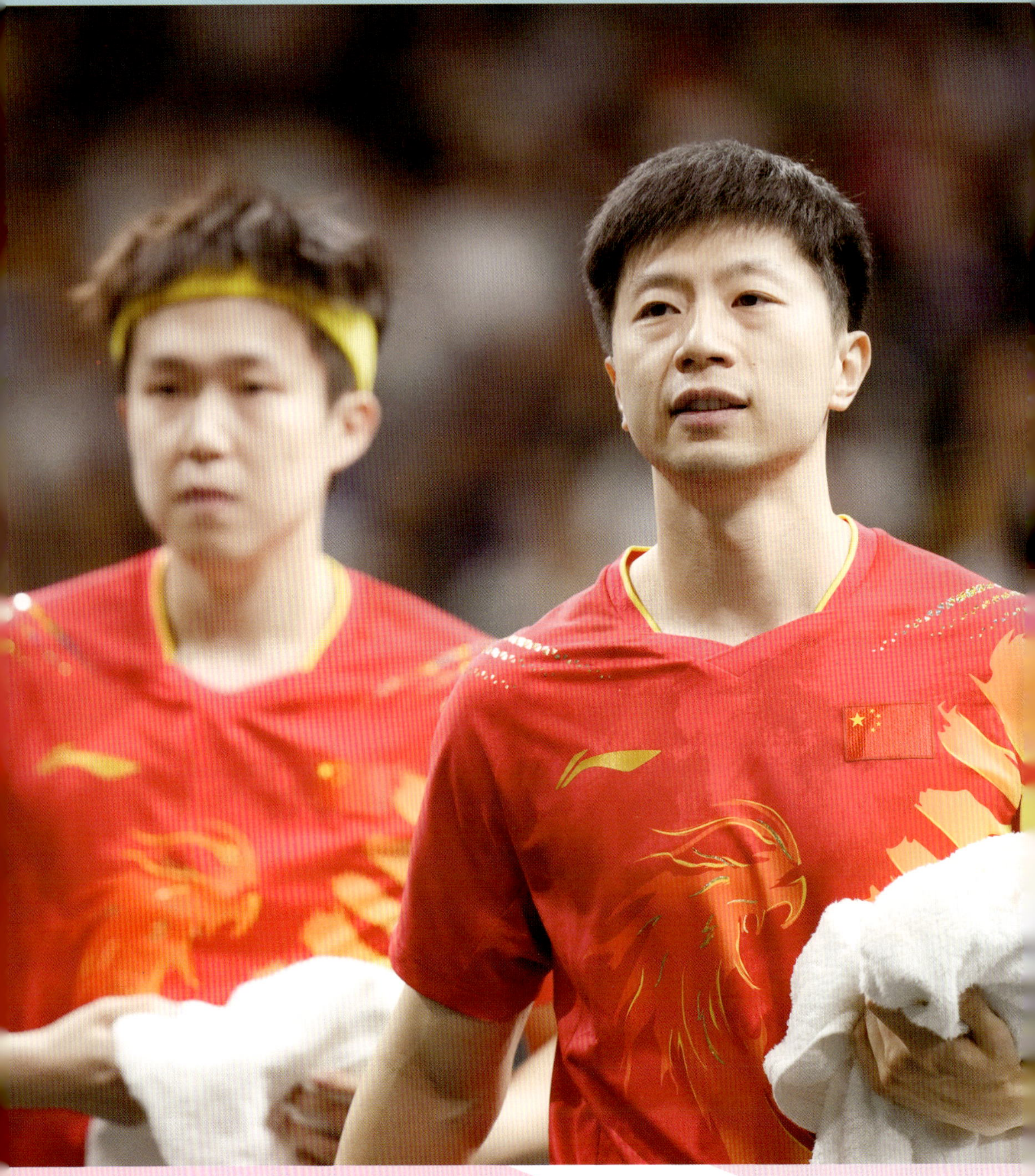

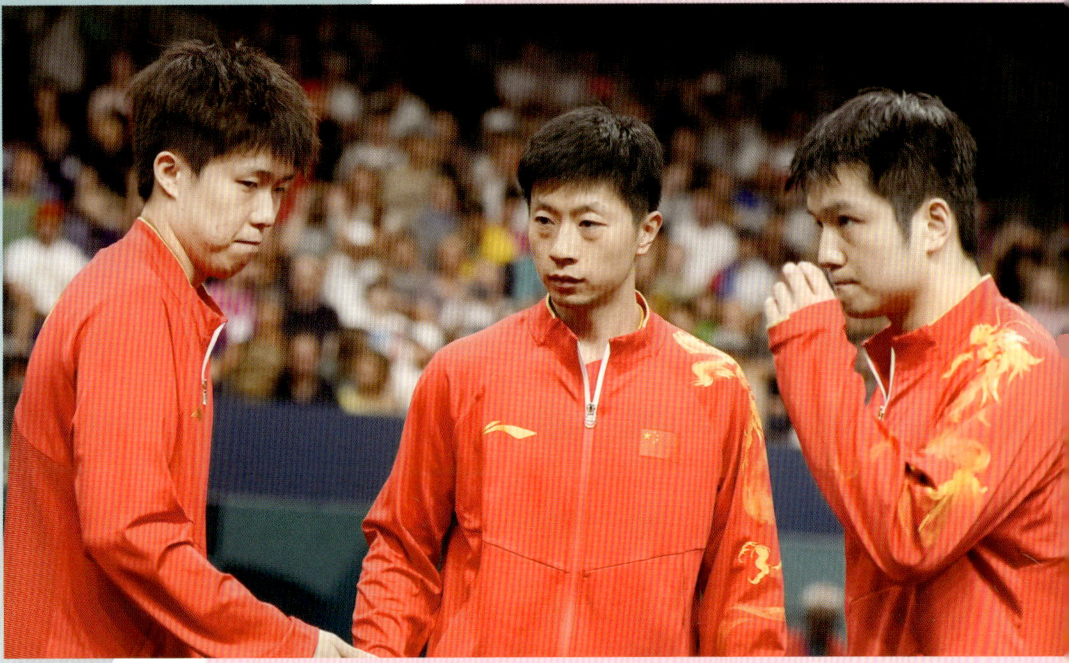

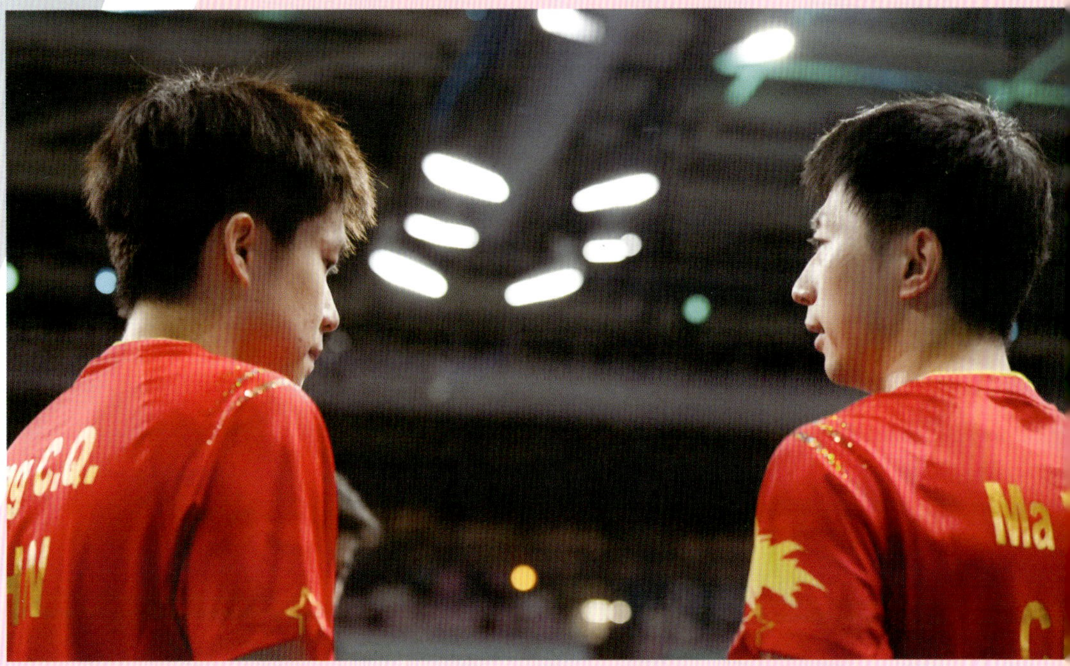

男 团

MEN'S TEAMS

半 决 赛

>>> **2024 / 8 / 8**

马龙/王楚钦激战东道主选手，作为身经百战的老将，马龙不断为队友加油鼓劲，出谋划策。

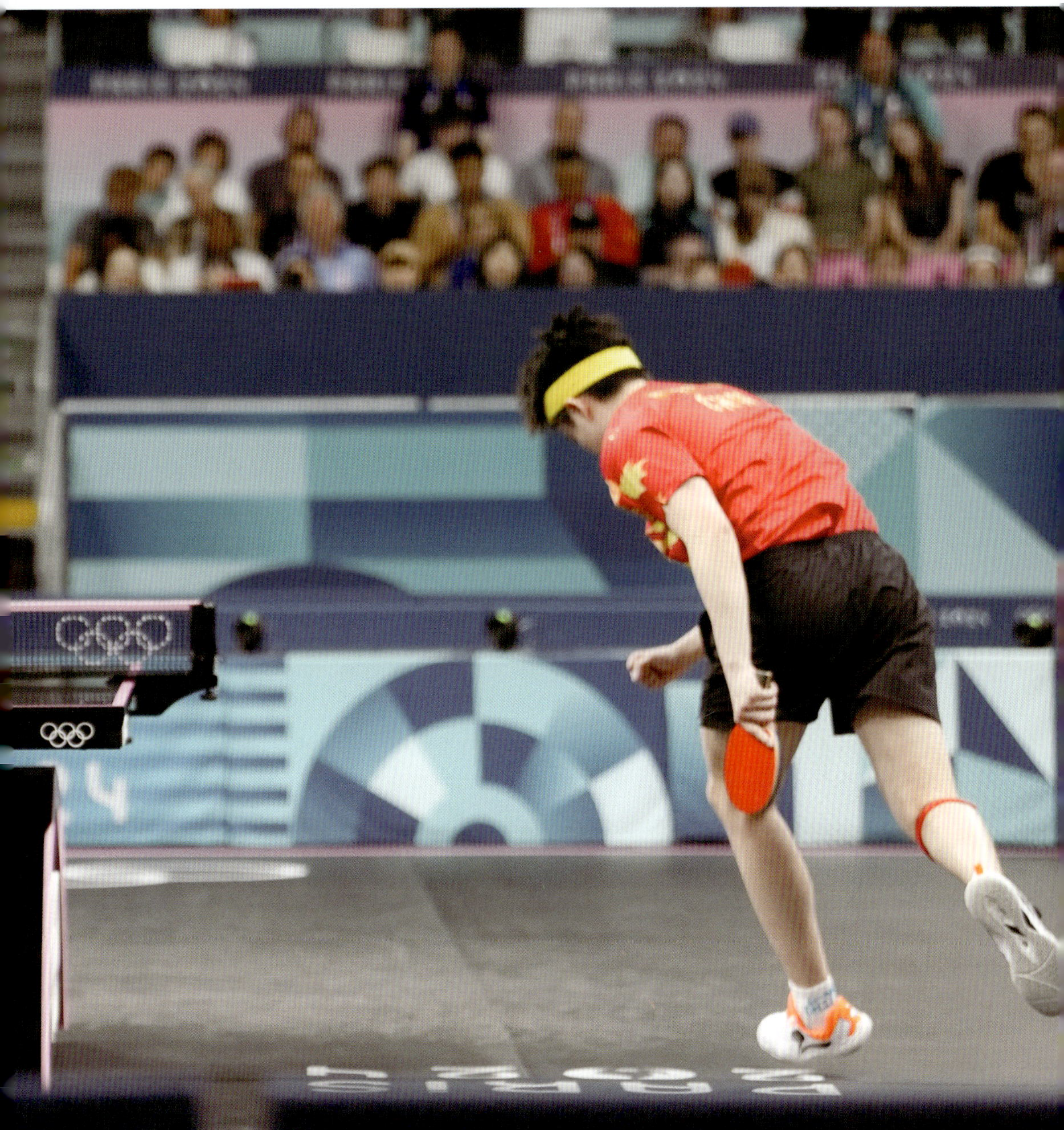

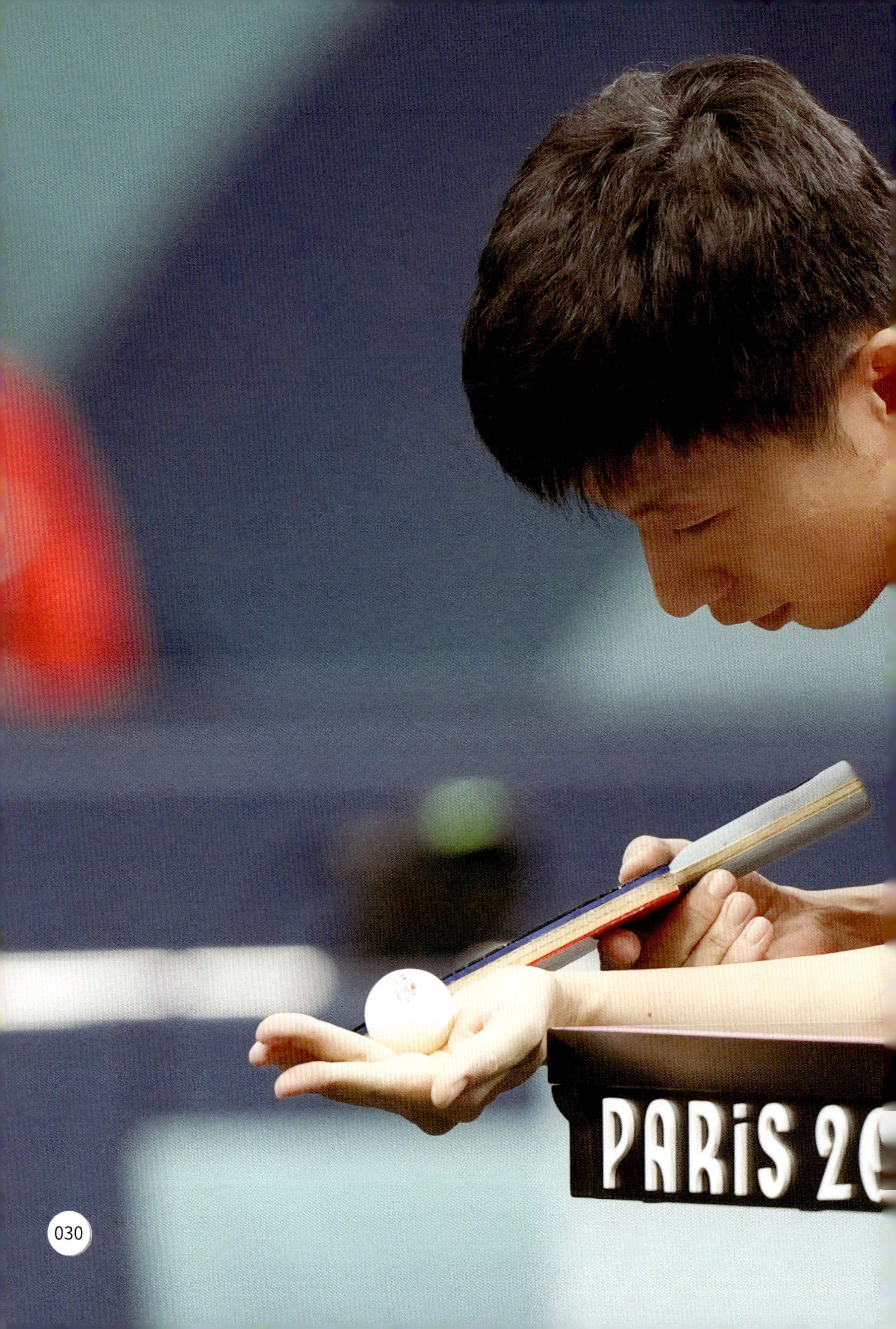
PARiS 20

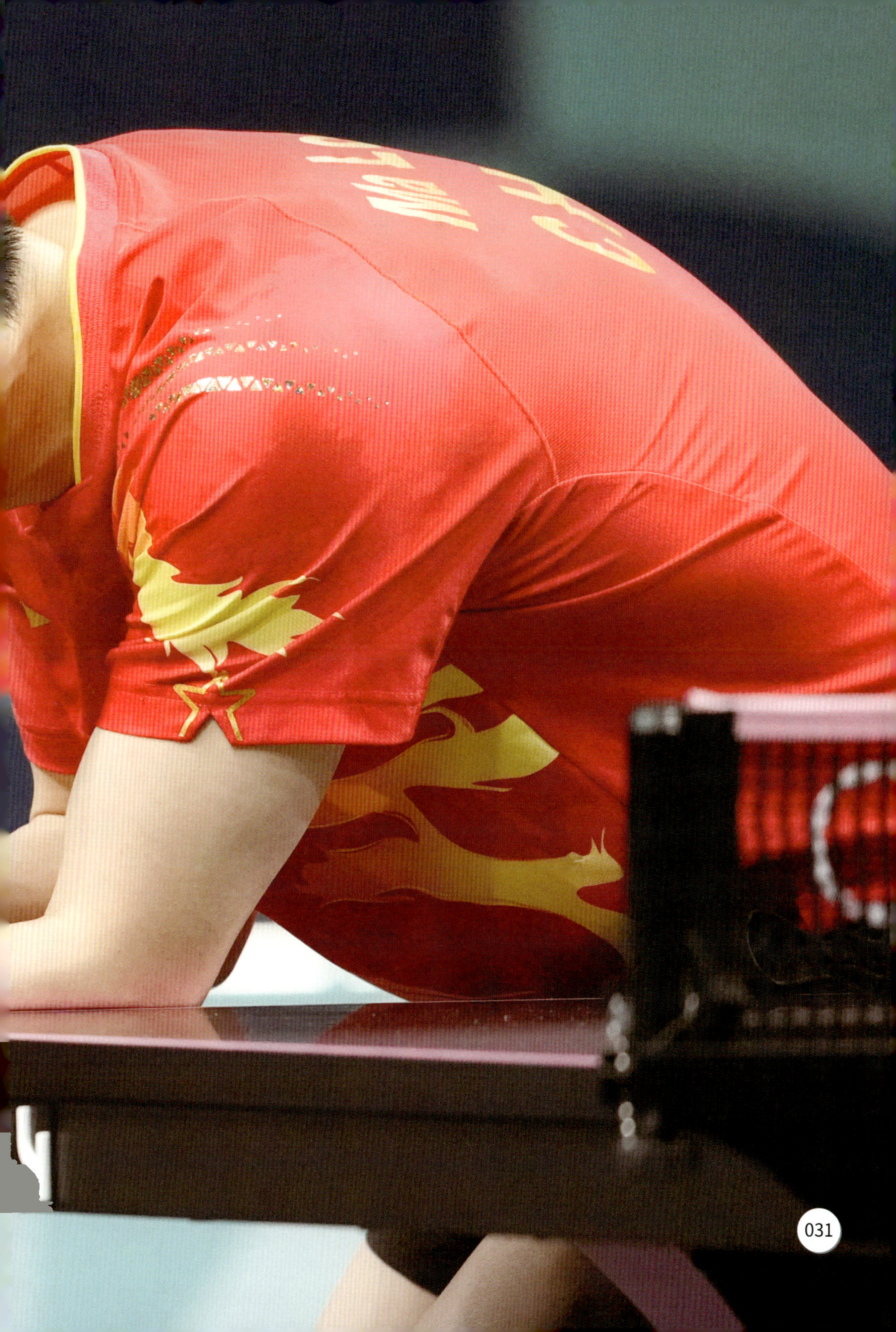

他是团队的精神领袖，更是关键时刻的灵魂人物。

033

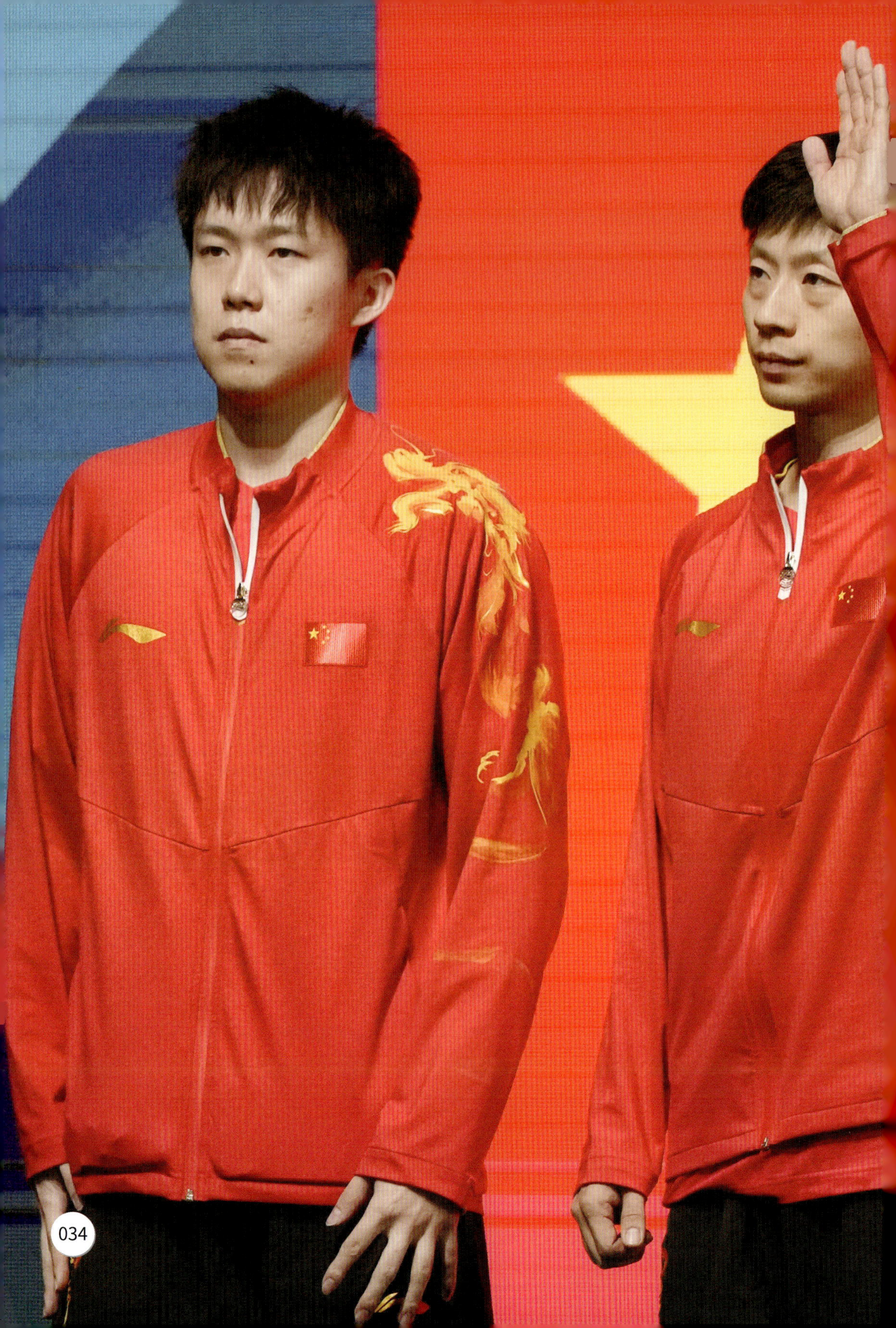

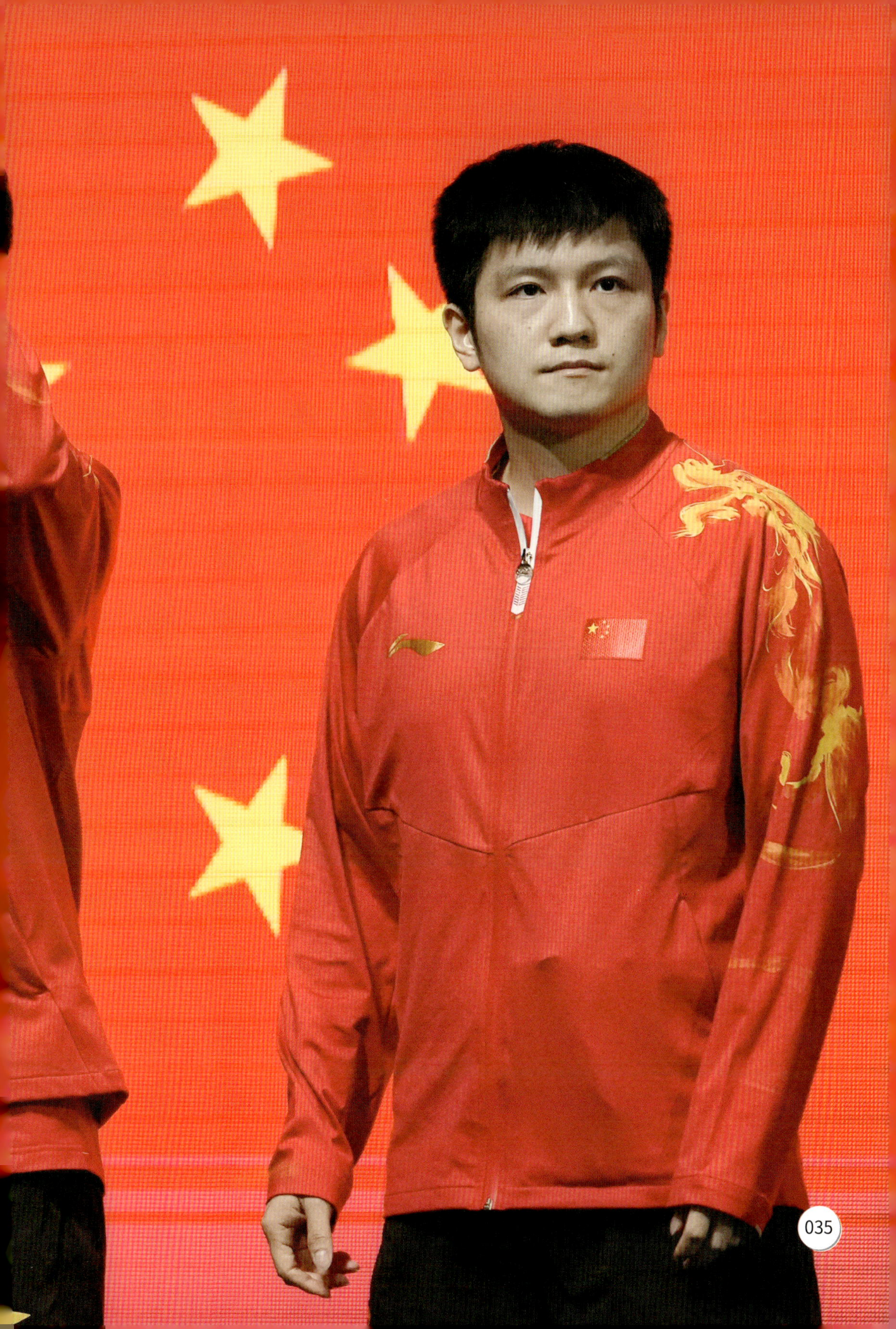

男 团

MEN'S TEAMS

决 赛

>>> **2024 / 8 / 9**

马龙/王楚钦打了他们在本届奥运会比赛中的唯一一次决胜局。

039

040

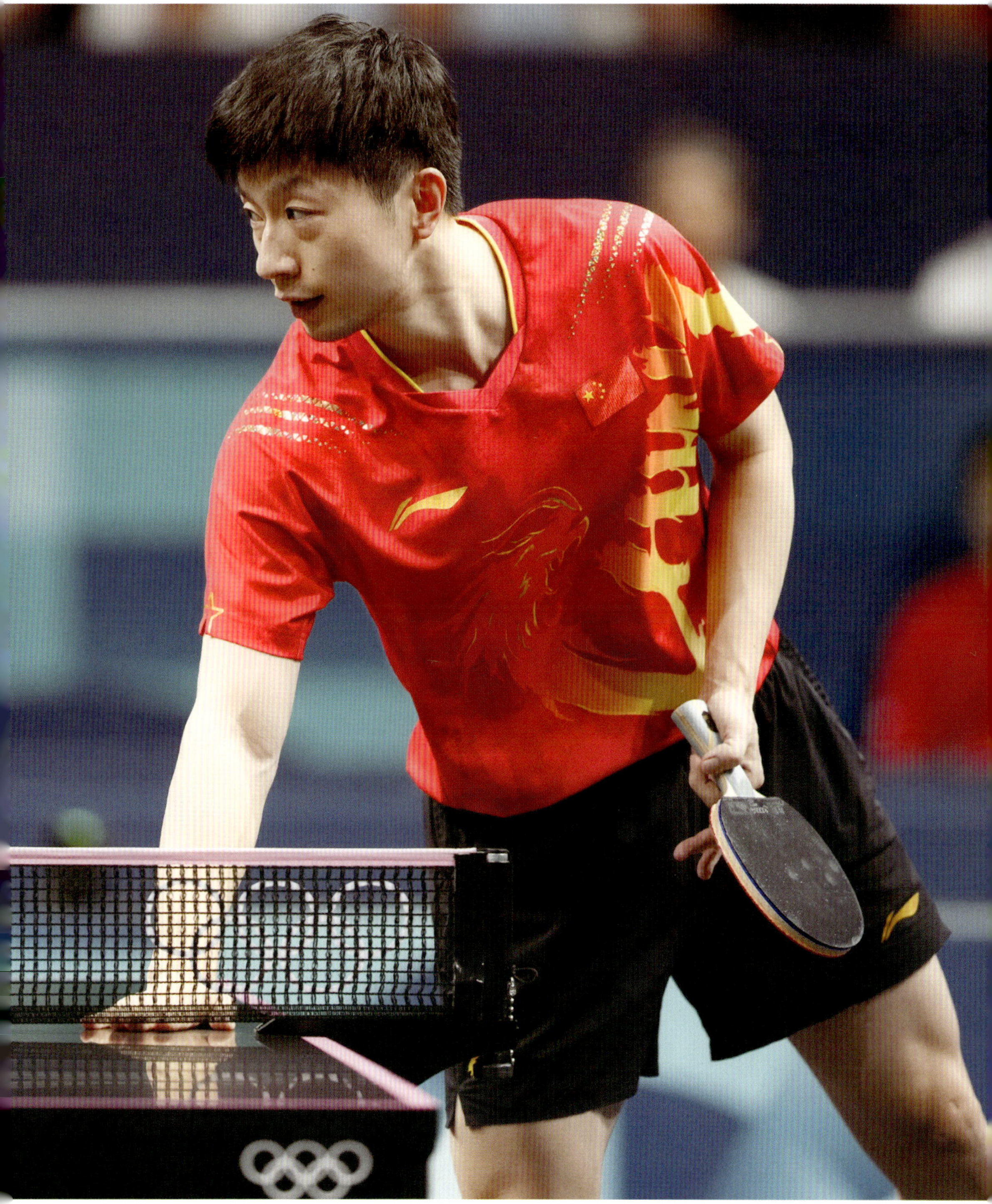

在战胜瑞典队后,马龙如愿获得一枚团体金牌,这也使他成为迄今为止参加夏季奥运会的中国运动员中唯一一位"六金王"。

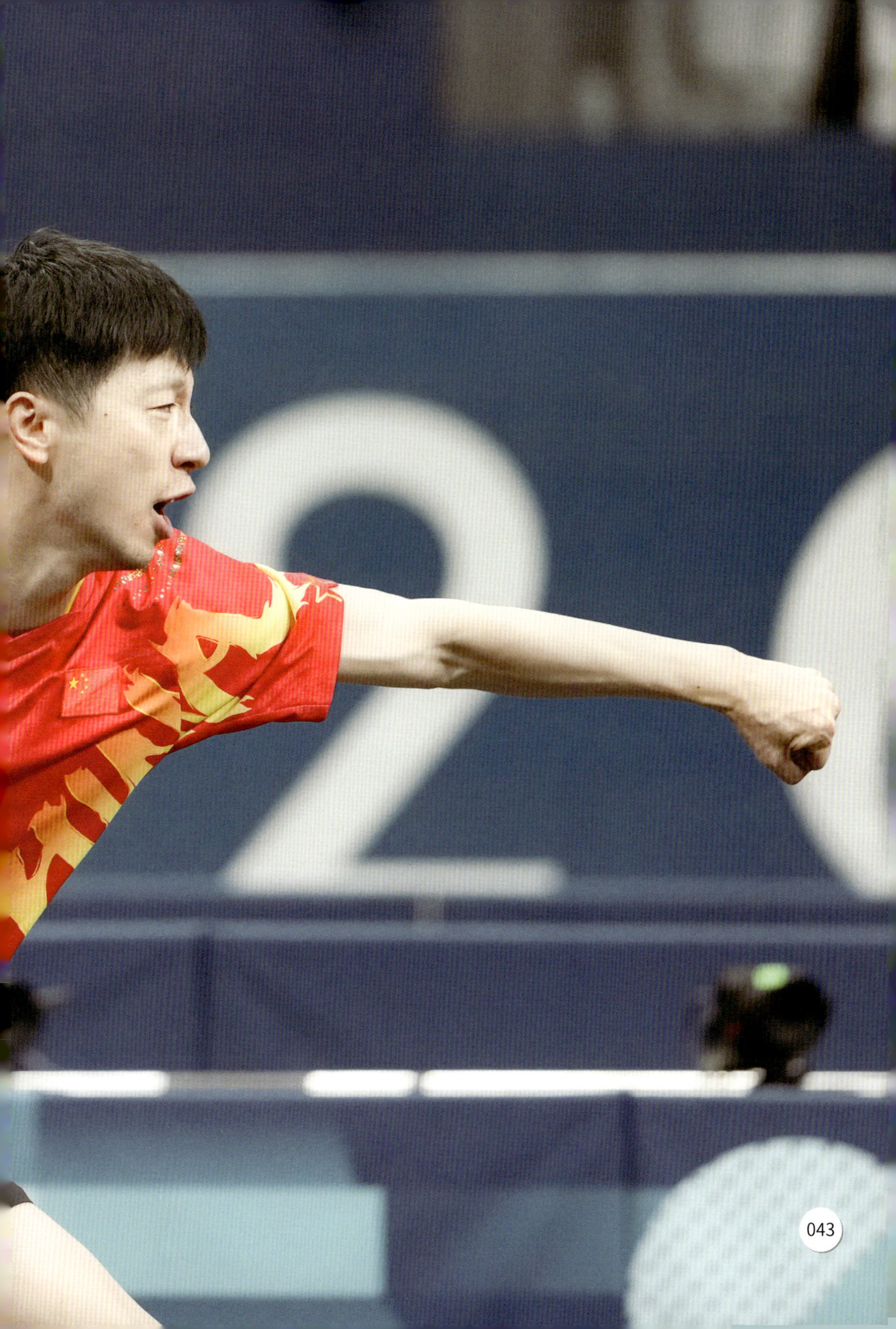

044

045

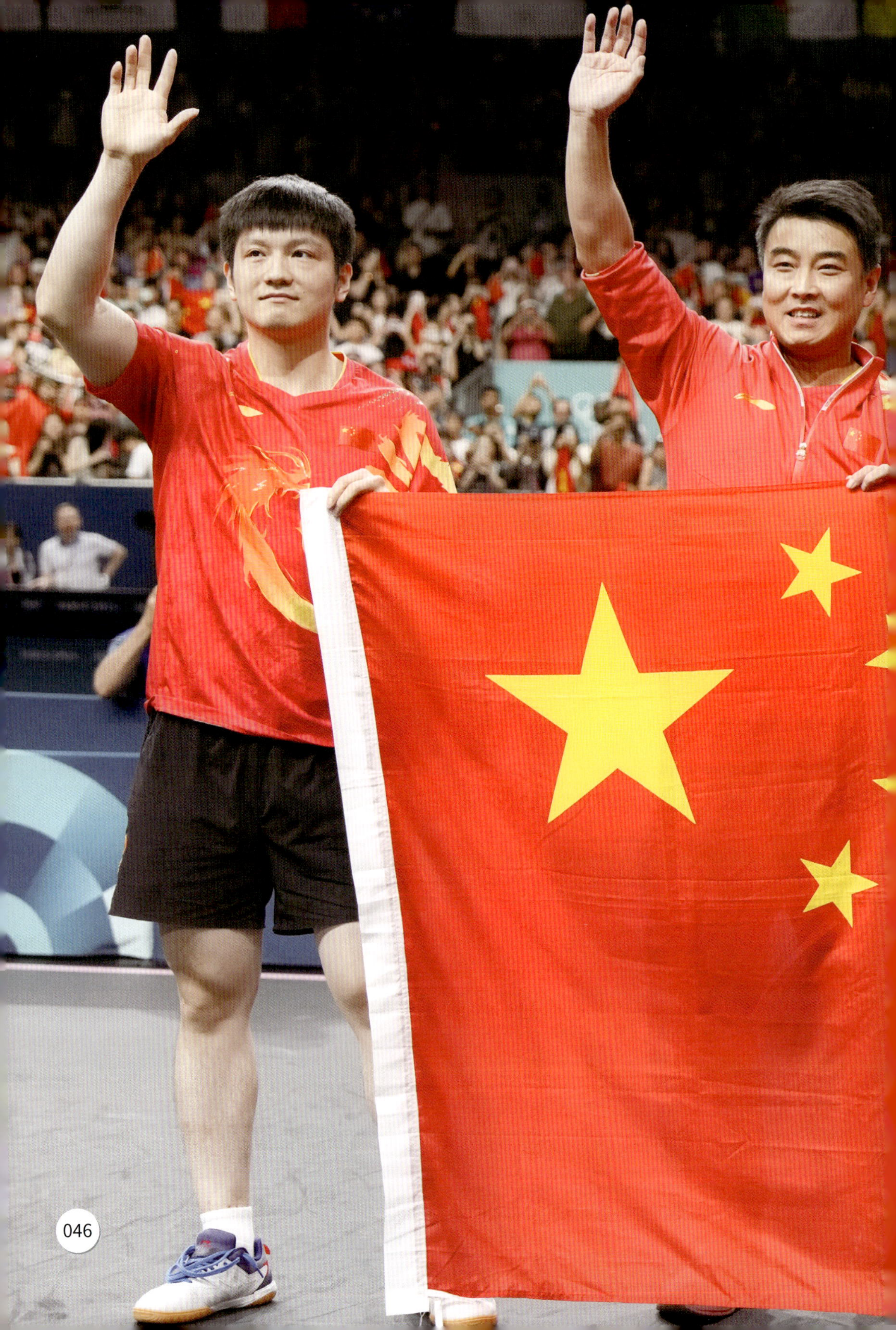

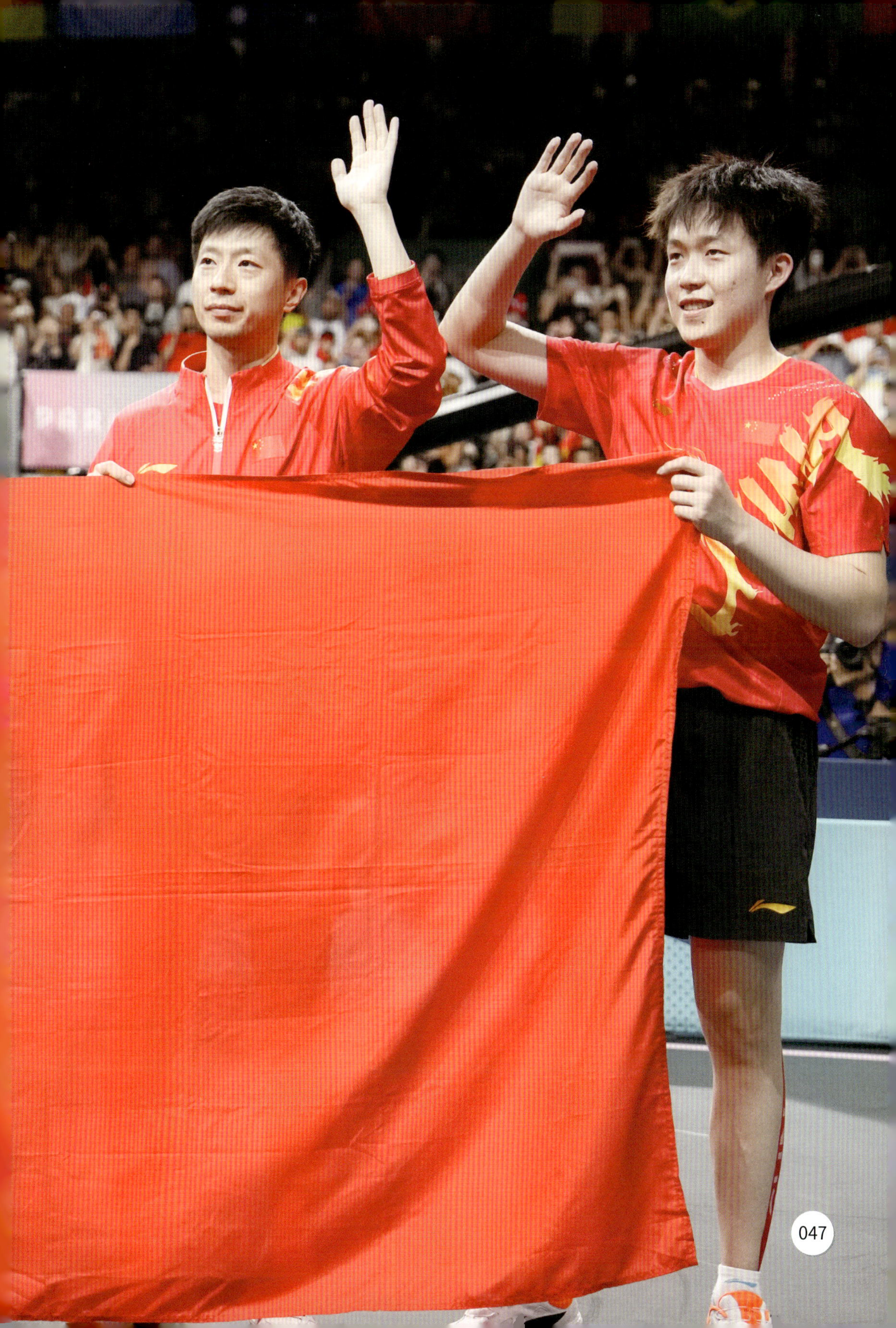

图书在版编目（CIP）数据

这里，群星闪耀：乒坛典藏·绽放巴黎.六边形的六金王——马龙 /《乒乓世界》编辑部编著. -- 北京：人民体育出版社, 2025. -- ISBN 978-7-5009-6575-6

Ⅰ.K825.47

中国国家版本馆CIP数据核字第2024QD5616号

这里，群星闪耀：乒坛典藏·绽放巴黎.六边形的六金王——马龙

《乒乓世界》编辑部 编著

出　　版：人民体育出版社
发　　行：人民体育出版社
　　　　　北京长江新世纪文化传媒有限公司
承印者：天津盛辉印刷有限公司印刷

开本：710×1000　16开本　印张：35.25　字数：123千字
版次：2025年3月第1版　印次：2025年3月第1次印刷
书号：ISBN 978-7-5009-6575-6
印数：1—10,000册
定价：236.00元（全套）

版权所有·侵权必究
购买本社图书，如遇有缺损页可与发行与市场营销部联系
发行电话：（010）67151482
社　　址：北京市东城区体育馆路8号（100061）
网　　址：www.psphpress.com

这里，群星闪耀

《乒乓世界》编辑部 编著　乒坛典藏·绽放巴黎

人民体育出版社

图书在版编目（CIP）数据

这里，群星闪耀：乒坛典藏·绽放巴黎. 团队 /
《乒乓世界》编辑部编著. -- 北京：人民体育出版社，
2025. -- ISBN 978-7-5009-6575-6

Ⅰ. K825.47

中国国家版本馆CIP数据核字第2024C04Q16号

这里，群星闪耀：乒坛典藏·绽放巴黎. 团队

《乒乓世界》编辑部 编著

出　　版：人民体育出版社
发　　行：人民体育出版社
　　　　　北京长江新世纪文化传媒有限公司
承印者：天津盛辉印刷有限公司印刷

开本：710×1000　16开本　　印张：35.25　　字数：123千字
版次：2025年3月第1版　　印次：2025年3月第1次印刷
书号：ISBN 978-7-5009-6575-6
印数：1—10,000册
定价：236.00元（全套）

版权所有·侵权必究
购买本社图书，如遇有缺损页可与发行与市场营销部联系
发行电话：（010）67151482
社　　址：北京市东城区体育馆路8号（100061）
网　　址：www.psphpress.com

总目录
Contents

前言 | 荣耀五金，完美巴黎

团队 | 汇聚每一份能量

Part 1　孙颖莎 | 责任与梦想

Part 2　王楚钦 | 不一样的成长

PING PONG

Part 3　陈梦 | 梦的延续

Part 4　樊振东 | "大满贯"

Part 5　王曼昱 | 坚韧的力量

Part 6　马龙 | 六边形的六金王

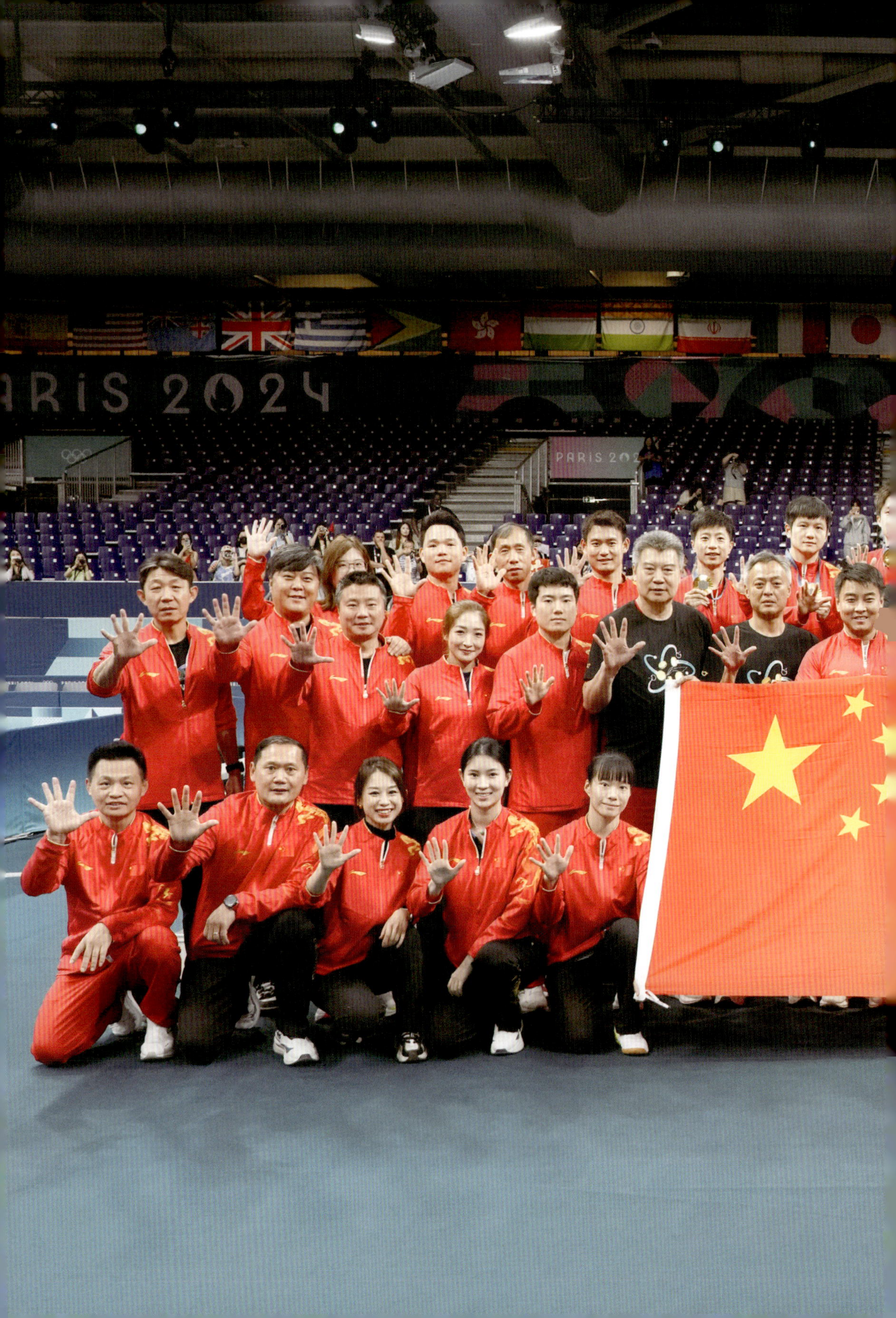
ARIS 2024

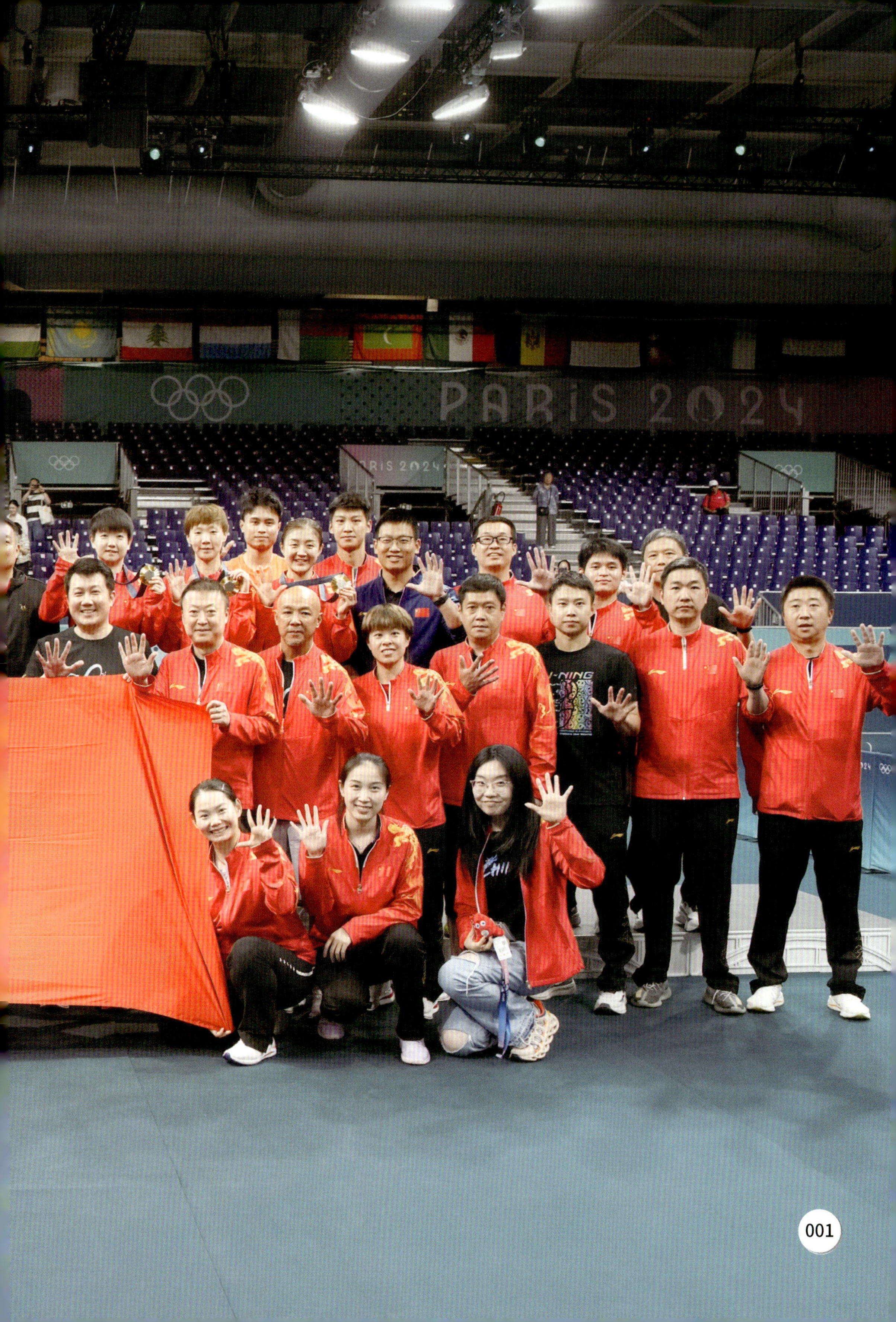
PARIS 2024

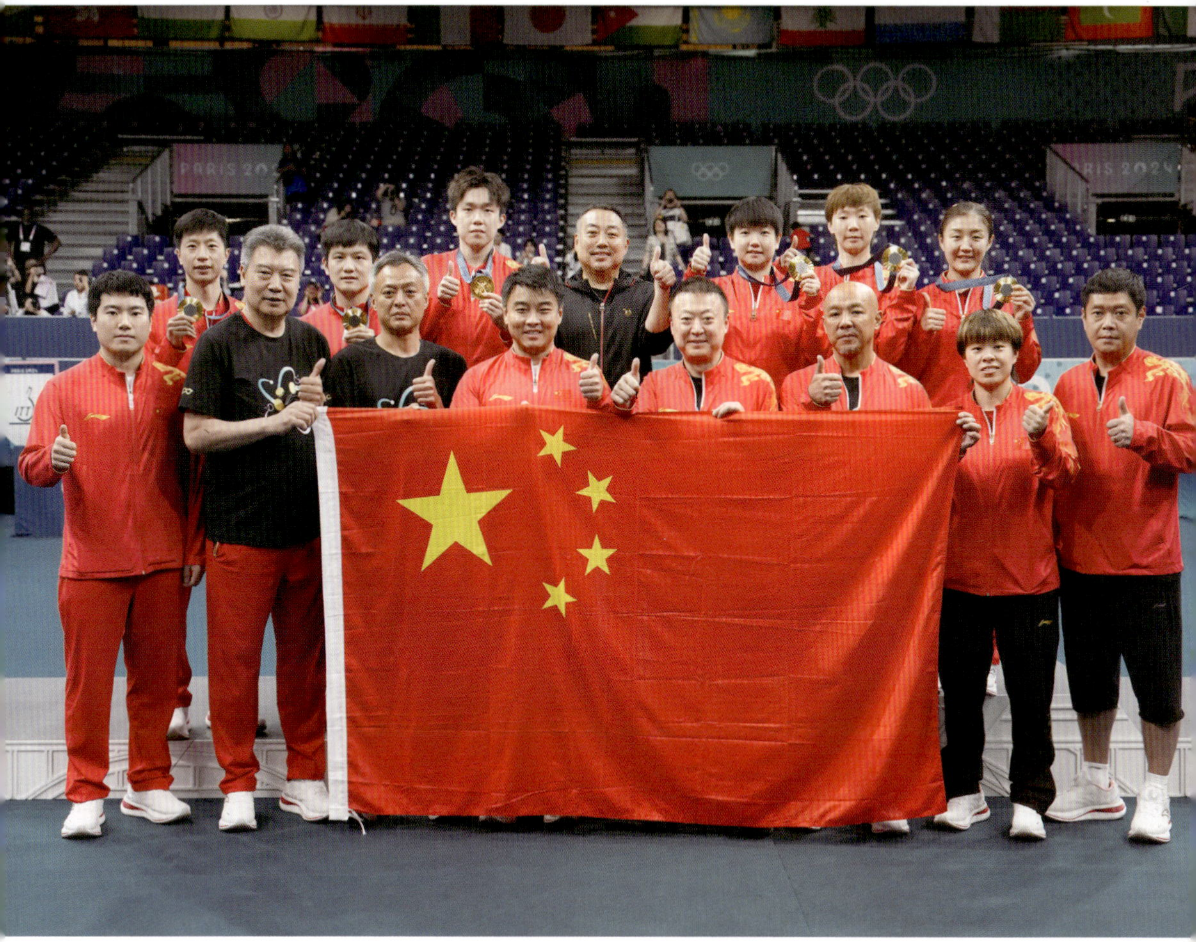
PARIS 2024

前言：荣耀五金，完美巴黎

巴黎奥运会尘埃落定，却余热未散。中国乒乓球队在巴黎创造了很多历史，展现出了一如既往的实力，让这一趟行程以希望和重托开启，以欣慰和完美收官。

姗姗来迟的第一金。在东京没能圆的梦，把希望留给了"00后"的孙颖莎和王楚钦。所有对手的虎视眈眈，见证了他们三年的艰苦磨砺没有白费。这是中国乒乓球队的第一枚奥运混双金牌，也是一段失而复得的珍贵经历。

锲而不舍的第二金。这不仅仅是一个艰难争取来的机会，更是老将的顽强坚守，与其说这是一场技战术的胜利，不如说这是一场意志力的胜利。当陈梦成为国乒历史上第四位奥运会乒乓球单打冠军蝉联者，我们有理由相信，每一个认真做过的梦，经时间的沉淀后都会成真。

险中求胜的第三金。并肩作战、会师决赛的剧情没能上演，当赛前状态并不在最佳的樊振东早早面对单枪匹马迎战的局面时，我们或许可以说，这是国乒20年来最难的一次。但他顶住了压力，证明了自己已经成长到足够担起团队重任，"大满贯"就是对他最好的奖励。

众志成城的第四金。相比于女乒，世界男子乒坛在这个奥运周期发生了更大的变化，无论日韩还是欧洲的几支劲旅都在迅速成长，中国男队赢球不易。"80后""90后""00后"，我们这支劲旅贵在传承，以集体的力量实现了五连冠。

完美收官的第五金。这是奥运会乒乓球比赛历史上第一次以女子项目收官，中国队的姑娘们展现出了绝对的实力，中国队也因此成为世界乒乓球运动历史上第一支在一届奥运会上包揽乒乓球项目五枚金牌的队伍。这枚金牌也是中国体育代表团征战夏季奥运会 40 年来夺得的第 300 金，标志着中国体育的新高度，"国球"当之无愧！

当然，国乒完美的巴黎之旅，还少不了坐在场边和看台上操心到白了发的教练团队、时刻准备着的 P 卡选手、在幕后挥洒汗水的陪练队员和一直默默付出的队医与工作人员。一次次升国旗奏国歌，一个个载入史册的荣耀时刻，属于国乒的每一个人。

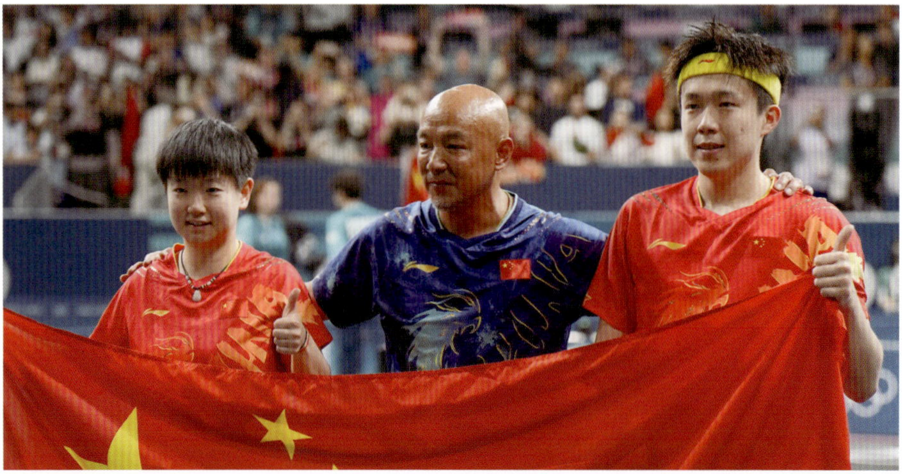

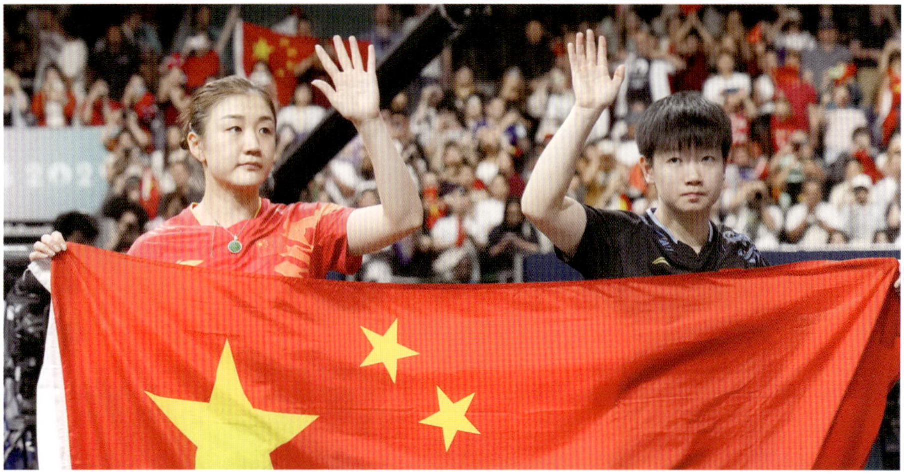

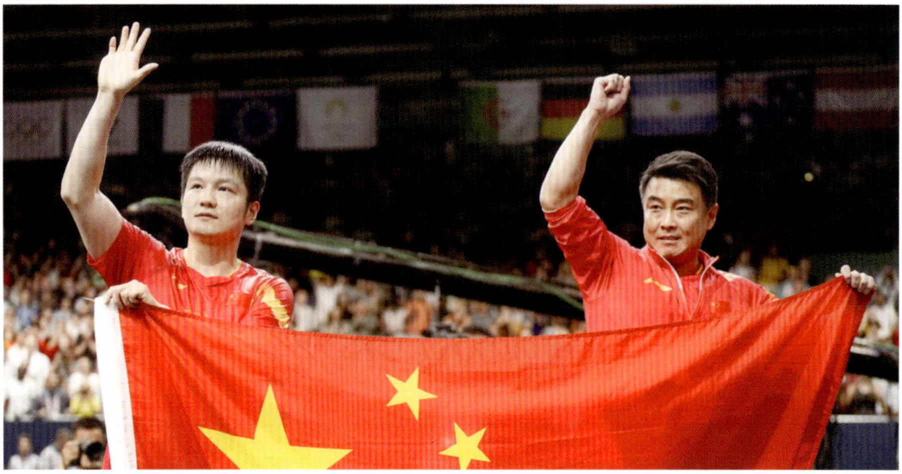

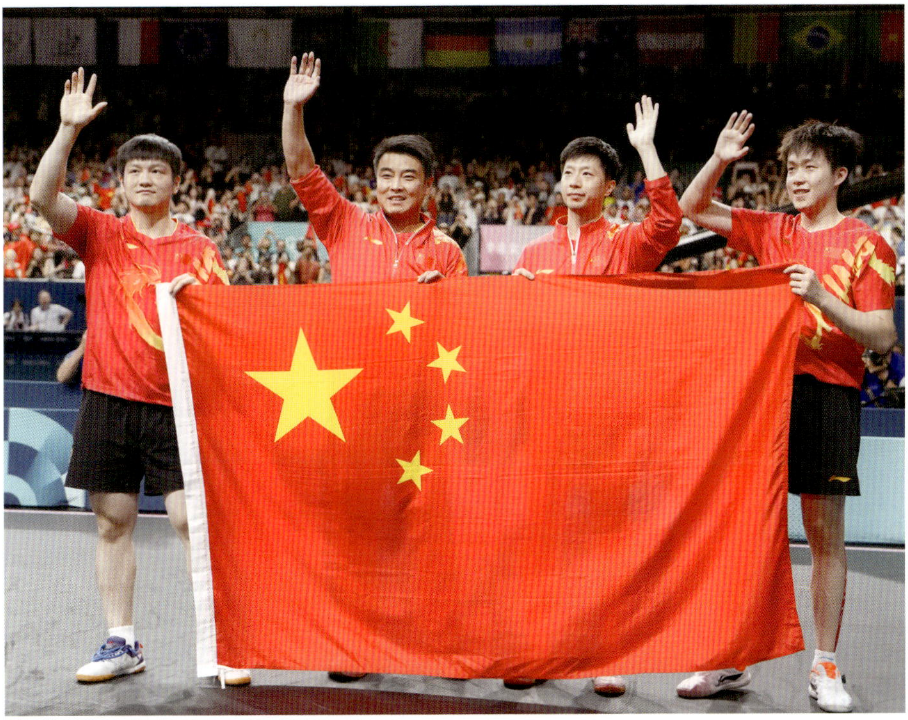

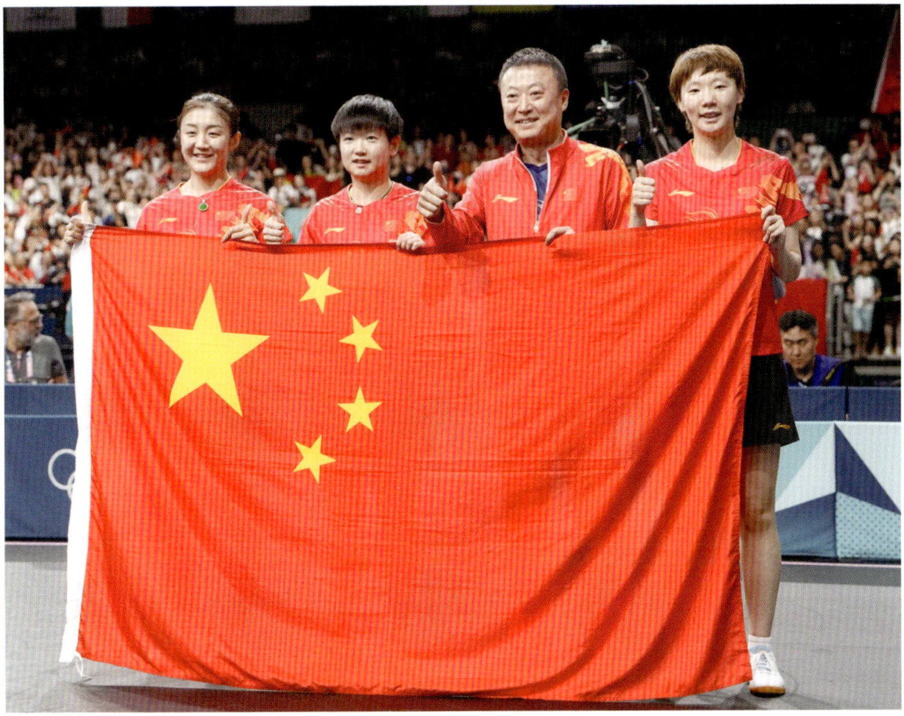

团队·汇聚每一份能量

  自 2008 年北京奥运会起,团体赛每次都被作为乒乓球项目的压轴大戏上演。无论在奥运前半程经历了什么,此时大家都会收起胜利的骄傲,放下失败的遗憾,将全部精力和战斗力投入到捍卫团队荣誉的新的战斗中去。

  于是在巴黎奥运会上我们看到:刚刚在单打比赛中登顶的樊振东和陈梦,不敢在夺冠的喜悦中沉浸太久,立即调整回冷静的备战状态;而拼尽全力拿下混双冠军、却双双在单打中无缘金牌的王楚钦和孙颖莎,迅速摆脱了遗憾的负面情绪,提振状态;已经在看台上等了许久的马龙和王曼昱,虽然没有机会追逐个人荣誉,但作为团队的一员,此刻的手绝不能冷。

  当世界乒乓球运动越来越热门,当我们的对手越来越强大时，在奥运会乒乓球项目的团体赛场上，中国队不再能以清一色的"3比0"毫无悬念地赢下比赛，甚至会出现巴黎决赛场上中国男团盘盘打到决胜局的险境。但无论怎样的困境，队员们都顶住了，"五连冠"，并没有说起来那样简单。

当五星红旗又一次飘扬在奥运赛场上，队员们终于露出最灿烂的笑容，因为比起个人的成败，团队的胜利显然更为重要。就像马龙所说，"我的身边有世界上最好的队友"。对于每一位国乒队员来说，又何尝不是如此；对于每一代国乒队员来说，又何尝不是如此。"王者之师""梦之队"，不是谁来标榜的头衔，而是一代代国乒人靠着团结和毅力一拍拍打出来的荣耀。这个集体的成员在变，但国乒精神从未改变，展望未来，中国乒乓球队将继续闪耀！

这里，群星闪耀：乒坛典藏·绽放巴黎
《乒乓世界》编辑部 编著

编委会成员
边玉翔　陈偲婧　孟雁松　吕海波

策　划　人：金丽红　黎　波
统　　　筹：李百放
责 任 编 辑：朱晓峰
内 容 编 辑：孔晓阳
特 约 编 辑：张　维　武　斐
装 帧 设 计：郭　璐
内 文 制 作：张景莹
法 律 顾 问：刘庆平　梁　飞
责 任 印 制：张志杰　韩天寅　王会利
媒 体 运 营：刘　冲　刘　峥　洪振宇